Petit monde vivant

D1298233

Les chevaux

Bobbie Kalman et Heather Levigne

Traduction : Paul Rivard

Les chevaux est la traduction de *What is a Horse?* de Bobbie Kalman et Heather Levigne (ISBN 0-86505-961-6)
© 2001, Crabtree Publishing Company, 612, Welland Ave., St.Catharines, Ontario, Canada L2M 5V6

Catalogage avant publication de Bibliothèque et Archives nationales du Québec et Bibliothèque et Archives Canada

Kalman, Bobbie, 1947-

    Les chevaux

    (Petit monde vivant)
    Traduction de : What is a horse ?
    Comprend un index.
    Pour enfants de 6 à 10 ans.

    ISBN 2-920660-86-1

1. Animaux - Chevaux - Ouvrages pour la jeunesse. I. Levigne, Heather, 1974-   .
II. Titre. III. Collection : Kalman, Bobbie, 1947-   . Petit monde vivant.

SF302.K3414 2003   j636.1   C2002-940309-X

Nous reconnaissons l'aide financière du gouvernement du Canada par l'entremise du
Programme d'aide au développement de l'industrie de l'édition (PADIÉ) pour nos activités d'édition.

 Conseil des Arts   **Canada Council**
du Canada   **for the Arts**

Bayard Canada Livres Inc. remercie le Conseil des Arts du Canada du soutien accordé à son programme d'édition dans
le cadre du Programme des subventions globales aux éditeurs.

Cet ouvrage a été publié avec le soutien de la SODEC.
Gouvernement du Québec – Programme de crédit d'impôt pour l'édition de livres – Gestion SODEC.

Dépôt légal – Bibliothèque nationale du Québec, 2002
Bibliothèque nationale du Canada, 2002
ISBN 10 : 2-920660-86-1
     13 : 978-2-920660-86-1

Réimpression 2009

© Bayard Canada Livres inc., 2009
4475, rue Frontenac
Montréal (Québec)
Canada H2H 2S2
Téléphone : (514) 844-2111 ou 1 866 844-2111
Télécopieur : (514) 278-0072
Courriel : edition@bayardcanada.com
Site Internet : www.bayardlivres.ca
Fiches d'activités disponibles sur www.bayardlivres.ca

Imprimé au Canada

Table des matières

Qu'est-ce qu'un cheval ?

Les chevaux appartiennent à la classe des mammifères. Ce sont des **animaux à sang chaud**, c'est-à-dire que la température de leur corps ne change pas, qu'il fasse chaud ou froid.

Les premiers chevaux

Il y a des millions d'années, les chevaux étaient beaucoup plus petits qu'aujourd'hui. Ils erraient alors par vastes troupeaux. On les chassait pour leur viande, et leur cuir servait à confectionner des vêtements.

La domestication du cheval

Personne ne sait avec certitude quand les premiers chevaux ont été **domestiqués**, ou domptés. Selon certains scientifiques, les êtres humains auraient commencé à utiliser des chevaux pour tirer de lourdes charges il y a environ 14 000 ans. Les humains ont vite compris qu'ils pouvaient aussi s'en servir pour se déplacer. À cheval, les gens pouvaient franchir de plus grandes distances en moins de temps. Il leur était aussi beaucoup plus facile de chasser à cheval qu'à pied.

Les chevaux modernes

Aujourd'hui, les chevaux sont encore très utiles. Si certains aident les agriculteurs à effectuer les travaux de la ferme, d'autres sont élevés pour la pratique de sports comme l'équitation ou la course. Dans certaines régions du monde, des chevaux vivent librement en pleine nature. Toutefois, la plupart de ces chevaux « sauvages » ne sont pas vraiment sauvages. Il s'agit de chevaux domestiqués qui se sont échappés ou qui ont été rendus à la nature. On dit qu'ils sont **retournés à l'état sauvage**.

Le cheval de Prjevalski est le seul véritable cheval sauvage. Même si des chevaux de cette espèce ont déjà vécu dans des zoos, personne n'a jamais réussi à les dompter.

L'arbre généalogique des chevaux

Les chevaux, les ânes et les zèbres sont des **équidés**. Les êtres humains **accouplent** des chevaux afin de produire des **races** aptes à courir, à tirer de lourdes charges ou à effectuer d'autres types de travaux.

Petits, moyens ou grands?

On peut classer les chevaux selon leur apparence et leur taille. Les poneys sont les chevaux les plus petits. Les chevaux légers, comme les pur-sang et les arabes, sont utilisés pour l'équitation ou les courses. Les chevaux de trait sont les plus grands. Le Clydesdale et le Shire sont deux types de chevaux de trait bien connus.

L'ancêtre du cheval

Certains scientifiques croient que le cheval descend d'un petit mammifère qui avait à peu près la taille d'un renard. Cet animal, appelé *Hyracotherium*, avait une encolure courte, des membres frêles et de larges pieds qui auraient été pourvus de griffes. Ses pieds de devant avaient quatre doigts tandis que ses pieds de derrière en avaient trois. Au cours de millions d'années, le corps de ce mammifère évolua lentement. Petit à petit, il est devenu plus gros, ses membres se sont allongés et les doigts de ses pieds se sont transformés pour ne former qu'un seul doigt, qui est devenu un sabot. C'est ce mammifère qui a donné le genre *equus*.

◄

Les gros chevaux de trait sont très forts. Ils peuvent tirer des instruments agricoles comme cette charrue et transporter de lourdes charges.

Les équidés

La famille des équidés comprend le cheval, l'âne et le zèbre. Tous ces animaux appartiennent donc au genre *equus*.

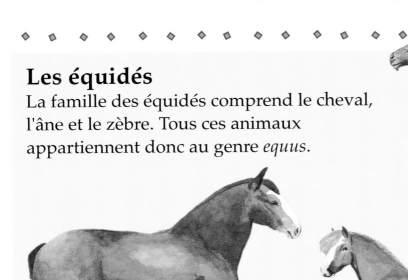

cheval arabe

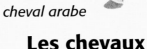

Clydesdale

poney

Les chevaux

Même si les chevaux appartiennent tous à la même espèce, il en existe plus de 200 races.

Les ânes

Il en existe deux espèces : l'âne sauvage d'Afrique et l'âne d'Asie.

âne sauvage d'Afrique

âne d'Asie

Les zèbres

On en connaît trois espèces : le zèbre des plaines, le zèbre de montagne et le zèbre de Grévy.

zèbre des plaines

zèbre de montagne

zèbre de Grévy

Le corps du cheval

Le cheval a de longues jambes et un corps musclé, bâti pour la vitesse. Les chevaux sont des **vertébrés**, c'est-à-dire qu'ils ont une colonne vertébrale.

Les chevaux ont de grandes dents et de puissantes mâchoires pour broyer les herbes coriaces.

Les yeux du cheval, disposés de chaque côté de sa tête, lui permettent de voir dans plusieurs directions à la fois.

Le cheval doit avoir un cœur solide et de bons poumons, car il parcourt de longues distances, souvent à grande vitesse.

La partie inférieure des membres du cheval n'a ni muscles ni tissus adipeux. La légèreté de ses jambes lui permet de courir rapidement.

Le sabot du cheval est formé d'un seul doigt dont l'extrémité est recouverte d'une épaisse couche de corne.

Couleurs et marques

Certains chevaux n'ont qu'une seule couleur : ils peuvent être noirs, bais (brun-rouge), blancs ou alezans (jaune rougeâtre). On trouve aussi des chevaux pie (à robe blanche tachetée de noir ou de fauve), des chevaux rouans (à robe composée de poils blancs, roux ou noirs) et des chevaux gris moucheté. De nombreux chevaux portent des marques blanches. Dans la nature, ces motifs et ces couleurs leur permettent de se camoufler et d'échapper ainsi à leurs ennemis. On fait souvent **s'accoupler** des chevaux domestiques pour en obtenir des individus de certaines couleurs ou portant certaines marques.

Ce cheval a une robe bai clair et une tache entre les naseaux.

La robe de ce cheval est bai foncé. La marque en forme de losange sur son front s'appelle une étoile.

Ce cheval a une robe noire, marquée d'une liste, une large bande de poils blancs allant de son front jusqu'aux naseaux.

Ce cheval a une robe alezane et porte une marque appelée zébrure.

En un tour de main

On mesure la taille d'un cheval en paumes. Une paume équivaut à 10 cm. Autrefois, les gens se servaient de leurs mains pour mesurer les choses.

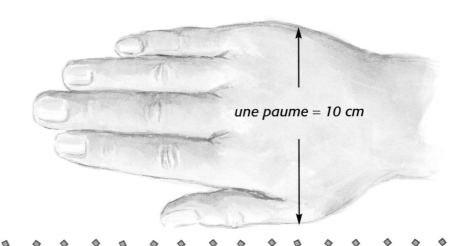

une paume = 10 cm

La sensibilité du cheval

Les chevaux sont des animaux très sensibles. Ils ont l'odorat, la vue, le goût, le toucher et l'ouïe bien développés. Ils font appel à leurs sens pour obtenir de l'information sur leur environnement. Leurs sens les aident aussi à communiquer avec leurs partenaires, leurs petits et les autres membres du troupeau. Grâce à leurs sens aiguisés, les chevaux peuvent facilement détecter la présence d'une menace et éviter ainsi les dangers, même lorsqu'ils sont en train de paître.

Des oreilles qui parlent...

Les oreilles du cheval sont toujours en mouvement. Le fait de pointer les oreilles aide le cheval à se concentrer sur un son particulier. La position de ses oreilles fournit également des indices sur son humeur. Les gens qui travaillent avec des chevaux sont attentifs à ces indices pour éviter de les apeurer ou de les irriter. Les chevaux sauvages utilisent leurs oreilles pour s'envoyer des messages.

Lorsqu'il tourne les oreilles vers l'arrière, un cheval est soit ennuyé, soit détendu.

Un cheval qui est sur le qui-vive tend les oreilles vers l'avant de façon à mieux capter les sons.

Un cheval fatigué ou malade abaisse les oreilles vers le sol tout en les tendant vers l'extérieur.

Un cheval qui rabat les oreilles vers l'arrière est en colère. Attention !

La vue

Comme les yeux du cheval sont situés sur les côtés de sa tête, il a une vision presque circulaire, c'est-à-dire qu'il peut voir tout autour de lui. Il est très difficile d'épier un cheval sans en être vu !

L'odorat

Les chevaux ont l'odorat très développé. Ils se servent des odeurs pour transmettre ou recevoir des messages à l'intérieur du troupeau. Par exemple, l'odeur que dégagent les **juments en chaleur** fait savoir aux mâles qu'elles sont prêtes à s'accoupler. Les juments se servent aussi des odeurs pour marquer leurs petits et les reconnaître parmi un groupe de poulains.

▲ *Les naseaux, les lèvres et les oreilles des chevaux sont très sensibles au toucher. Lorsque deux chevaux se rencontrent, il arrive souvent qu'ils se frottent et se lèchent mutuellement les lèvres et les naseaux pour se transmettre des messages amicaux.*

Un cheval effarouché fait appel à tous ses sens pour évaluer la situation. Il tend les oreilles vers l'avant, ouvre grand les yeux et dilate les naseaux.

Les poulains

Une jument donne naissance à un poulain après 11 à 13 mois de gestation. Au moment où elle met bas, la jument et son petit sont particulièrement vulnérables aux attaques de **prédateurs**. La plupart des juments attendent donc la nuit pour mettre bas. Elles s'éloignent du troupeau pour trouver un lieu où elles ne seront pas dérangées et où elles seront hors de portée de leurs ennemis.

Un poulain est né

Pour mettre bas, la jument se couche sur le flanc. Le poulain vient au monde en se présentant par les pieds. À la naissance, il a déjà les yeux ouverts. La jument se lève et lèche le corps de son petit pour le nettoyer. Une fois que cette tâche est accomplie, la jument et son poulain se reposent ensemble pendant un court laps de temps.

Créer des liens

Nettoyer le corps de son petit après la naissance permet à la jument de créer des liens avec sa progéniture. Elle apprend à reconnaître son petit à son odeur, de façon à pouvoir le distinguer parmi d'autres poulains. Pendant cette période de rapprochement, le petit aussi s'imprègne de l'odeur de sa mère.

Du bon lait !

Comme tous les mammifères, les juments allaitent leurs petits. Le lait qu'elles sécrètent contient d'importants éléments nutritifs qui permettent à leurs bébés de devenir grands et forts. Un poulain tète sa mère dès sa naissance.

Des progrès remarquables

Les poulains se développent très rapidement. Ils peuvent galoper, jouer, se gratter, se nettoyer et même nager dès le lendemain de leur naissance ! En vieillissant, ils dorment de moins en moins et passent plus de temps à paître ou à jouer avec les autres poulains. Ils apprennent ainsi à devenir membres du troupeau.

La jument nourrit et protège son petit jusqu'à ce qu'il atteigne un an environ. Ce nouveau-né n'est pas encore solide sur ses pattes.

L'habitat des chevaux

Il y a des chevaux partout dans le monde. Certains ont **migré** vers différentes régions, mais la plupart ont été conduits ailleurs par les humains. En effet, dans leurs déplacements, les populations humaines ont souvent entraîné leurs animaux domestiques avec elles. Les chevaux se sont ainsi **adaptés** à différents habitats. Ils peuvent vivre dans presque tous les milieux, car les gens en prennent soin.

Les chevaux islandais sont bien adaptés à leur environnement. Leur corps vigoureux leur permet de parcourir les étendues escarpées et glacées de l'Islande.

Les chevaux de Camargue

Les chevaux de Camargue vivent en larges troupeaux dans le sud de la France. On les appelle « chevaux de la mer », car ils vivent près de la Méditerranée. Ils se nourrissent d'herbes grasses, de roseaux et d'eau salée.

La plupart du temps, les gens laissent ces chevaux vagabonder librement. On dit de ces chevaux qu'ils sont à demi sauvages, car ils ne sont pas gardés dans des enclos. Une fois par année, toutefois, les paysans de la région les rassemblent pour s'assurer qu'ils sont en santé.

Les chevaux sauvages

Lorsque les colons espagnols vinrent s'établir dans l'ouest des États-Unis, ils y introduisirent des chevaux. Certains de ces chevaux s'échappèrent dans la nature et s'y reproduisirent. On les appela mustangs. *Mustang* vient de l'espagnol *mestengo*, qui signifie « sauvage ». Les vachers tentèrent à de nombreuses reprises de dompter ces chevaux « sauvages » afin qu'ils les aident à conduire leurs troupeaux de bétail.

À la naissance, les chevaux de Camargue sont gris foncé ou marron. En vieillissant, ils deviennent blancs.

En plus de permettre aux pionniers de l'Ouest de se déplacer entre les villes, les chevaux les aidaient à conduire les grands troupeaux de bétail.

La vie en troupeau

Chez le cheval, l'**instinct** dominant est de faire
partie d'un troupeau : l'animal s'y trouve protégé
des prédateurs. Les chevaux ont aussi besoin de
compagnie : c'est entourés des leurs qu'ils sont le
plus heureux.

L'organisation sociale

Un troupeau peut comprendre de 3 à 30 chevaux. On y trouve un étalon, plusieurs juments et leurs poulains. Le rôle de l'étalon est de garder le groupe uni et d'empêcher d'autres étalons de s'y joindre. Les juments protègent leurs petits et poussent le troupeau à se déplacer pour trouver de la nourriture.

Doux pâturages

Les chevaux passent beaucoup de temps à parcourir les pâturages de leur territoire. Ce territoire peut couvrir de 80 à 200 km^2. Le troupeau se déplace souvent à la queue leu leu et s'arrête de temps en temps pour manger, boire et dormir. La plupart des troupeaux suivent toujours les mêmes itinéraires.

Les chevaux d'un troupeau se manifestent leur affection en se nettoyant mutuellement. Ils se servent de leurs dents pour se frotter et se gratter le dos les uns les autres.

En mouvement

Les chevaux peuvent avoir quatre **allures** ou vitesses de déplacement. Le pas est la plus lente. Le trot est un peu plus rapide que le pas. Le galop est l'allure la plus rapide tandis que le canter est un galop ralenti. Les chevaux sauvages courent rarement au grand galop, à moins d'être pourchassés par un prédateur.

Le plus rapide

La race chevaline la plus rapide est celle du quarter-horse, que l'on pourrait traduire par « coursier du quart ». Son nom lui vient de sa capacité à galoper à fond de train sur une distance d'un quart de mille, l'équivalent de 0,4 km. Les chevaux de cette race courent souvent jusqu'à 40 km/h. Ils ont aussi de bons réflexes et peuvent s'arrêter brusquement et tourner rapidement. Les pur-sang peuvent parcourir de longues distances, mais leur vitesse ne dépasse habituellement pas 30 km/h. Ce sont tout de même les meilleurs chevaux de course.

Les chevaux restent groupés, même lorsqu'ils courent !

L'alimentation des chevaux

Les chevaux passent presque tout leur temps à brouter l'herbe ou à manger du foin, des aliments difficiles à **digérer** et contenant peu d'éléments nutritifs. Les animaux qui paissent ont de grandes dents plates qu'ils utilisent pour mastiquer lentement leur nourriture. Ils doivent absorber de grandes quantités d'aliments pour en tirer les éléments nutritifs dont ils ont besoin.

La digestion

Les vaches et les girafes ruminent, ce qui les aide à digérer leur nourriture. Elles mastiquent et avalent de l'herbe, qu'elles font ensuite remonter de leur estomac pour  la remastiquer. Lorsqu'elles avalent de l'herbe une seconde fois, leur corps en absorbe plus facilement les éléments nutritifs. Les chevaux, eux, ne ruminent pas. Comme ils ont un petit estomac, ils doivent prendre plusieurs petits repas par jour. Il leur est ainsi plus facile de digérer leur nourriture.

Les chevaux aiment varier leur régime alimentaire, qui, en plus de diverses plantes, peut comprendre des fruits, des baies, des fleurs, des noix. Lorsqu'ils en ont l'occasion, ils broutent les plantes des cours d'eau.

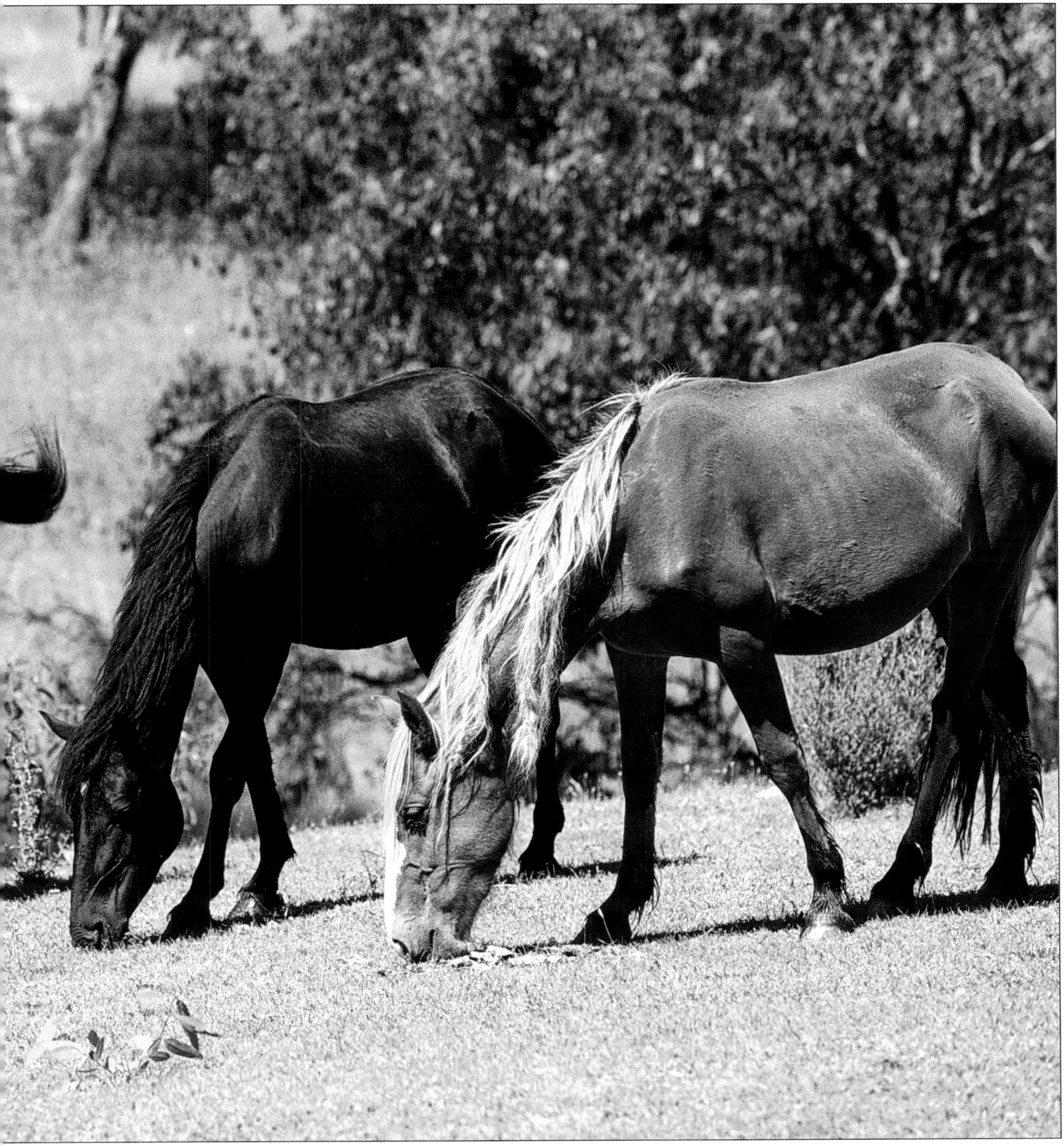

Les poneys

Le poney est un cheval dont la taille n'excède pas 14,2 paumes. Il y a des poneys partout dans le monde. C'est en Grande-Bretagne que l'on trouve le plus grand nombre de poneys indigènes, c'est-à-dire des poneys originaires de la région où ils vivent. On y compte en effet neuf races indigènes. On les appelle soit poneys des montagnes ou poneys des landes, car ils sont originaires de rudes régions montagneuses d'Angleterre, d'Écosse ou d'Irlande. Les poneys des îles Shetland, comme ceux que l'on peut voir ci-dessus, sont d'origine écossaise. Mesurant moins de sept paumes, ils appartiennent à la plus petite race de poneys.

Les poneys d'Exmoor

Certains scientifiques croient que le poney d'Exmoor vit en Angleterre depuis des millions d'années. Comme il n'a pas fait l'objet de **croisements**, c'est-à-dire qu'il n'a pas été accouplé à des poneys d'autres races, il n'a pas beaucoup changé depuis la préhistoire. Les caractéristiques des poneys d'Exmoor témoignent de leur adaptation au milieu hostile dans lequel ils vivent.

Ils ont un épais pelage qui les protège du froid. Ils ont aussi des paupières spéciales qui forment des capuchons protecteurs empêchant la neige et le vent d'atteindre leurs yeux. Les poneys d'Exmoor ont une tête plus longue que celle des autres poneys. L'air froid qu'ils inspirent a donc un plus long chemin à parcourir pour atteindre leurs poumons et a ainsi plus de temps pour se réchauffer.

Pour se nourrir, en hiver, les poneys d'Exmoor doivent fouiller le sol pour en déterrer les bulbes ou les racines. En été, ils s'alimentent principalement d'herbes et de ptéridium, une plante toxique pour les autres animaux, en particulier pour le mouton.

Les ânes et les baudets

Les ânes sont petits; ce sont les cousins aux longues oreilles des chevaux. Les baudets sont des ânes qui ont été domestiqués. Les ânes sont divisés en quatre groupes, selon leur taille : l'âne nain, qui n'excède pas 9 paumes; l'âne commun, qui fait entre 9 et 12 paumes; l'âne normand, dont la taille se situe entre 12 et 14 paumes; et l'âne Mammoth Jackstock, qui atteint plus de 14 paumes.

Différents des chevaux

Les ânes domestiques sont généralement de plus petite taille que les chevaux. Ils pèsent entre 180 et 270 kg et peuvent atteindre 1,12 m. Leurs oreilles sont plus longues que celles des chevaux, mais ils ont des crinières et des queues plus courtes. La plupart des baudets ont un pelage gris, mais certains ont une robe noire ou blanche. Ces animaux portent une marque formée d'une bande dorsale et d'une bande transversale.

Des bêtes robustes

Les ânes domestiques sont moins souvent malades que les chevaux. Ils ne requièrent pas autant de soins pour rester propres et en santé. Ce dont ils ont besoin, c'est qu'on leur taille les ongles trois fois par année!

Comment m'avez-vous appelé?

L'âne domestique porte de nombreux noms. On appelle la femelle bourrique ou ânesse et le mâle, baudet ou grison.

Parfois, on fait des croisements d'ânes et de chevaux. Lorsqu'un âne s'accouple à une jument, leur progéniture est appelée mule, s'il s'agit d'une femelle, ou mulet, s'il s'agit d'un mâle. Quant au produit de l'accouplement du cheval et de l'ânesse, il porte le nom de bardot. Les bêtes qui sont issues de ces croisements sont souvent plus grandes, plus fortes et plus vigoureuses que leurs parents, mais elles sont **stériles**, c'est-à-dire qu'elles ne peuvent pas se reproduire.

Les explorateurs espagnols introduisirent des burros *au Mexique. «Âne» se dit* burro *en espagnol. Certains* burros *s'échappèrent et franchirent la frontière qui donne sur le sud-ouest des États-Unis, devenant ainsi les premiers ânes de ce pays.*

Les zèbres

Les trois principales espèces de zèbres vivent en Afrique, soit dans la savane, soit dans des régions montagneuses arides. Les zèbres sont plus petits que les chevaux. Comme les ânes, ils ont une courte crinière en brosse, de longues oreilles et une queue terminée par une touffe de poils.

La recherche de nourriture

Les zèbres se nourrissent de graminées, hautes et coriaces. Certains mangent aussi des arbustes, des herbes et les bulbes de certaines plantes. Au cours de la saison des pluies dans les plaines, de nombreux zèbres doivent migrer pour trouver leur nourriture.

Pourquoi les zèbres ont-ils des rayures ?

Autrefois, des scientifiques croyaient que les rayures du zèbre lui servaient de camouflage, pour tromper ses prédateurs. En fait, les zèbres se tiennent surtout dans la savane où il y a peu de végétation avec laquelle on pourrait les confondre.

Aujourd'hui, les scientifiques ne savent toujours pas avec certitude pourquoi les zèbres portent des rayures. Certains croient qu'elles contribuent à chasser les insectes; d'autres pensent que la disposition unique des bandes permet d'identifier chaque zèbre. Il s'agit donc toujours d'une énigme scientifique. À ton avis, pourquoi les zèbres auraient-ils besoin de leurs rayures ?

Peu d'ennemis

Les loups sont d'habiles chasseurs. Une bande de loups peut facilement capturer un cheval malade ou un poulain.

La plupart des chevaux ont peu d'ennemis naturels, car ils vivent à proximité des êtres humains. Dans la nature, toutefois, les lions et les loups s'attaquent aux chevaux sauvages. Les chevaux se protègent de leurs ennemis en restant groupés et en surveillant constamment les environs.

Le nombre fait la force

Il est plus probable qu'un prédateur s'en prenne à un cheval isolé qu'à tout un troupeau. Les poulains restent au milieu de celui-ci, comme on le voit ci-dessous, et ils sont ainsi protégés de tous les côtés. Les chevaux faibles ou vieux, qui traînent derrière la harde, deviennent des proies faciles. Les chevaux qui courent vite et devancent trop le troupeau risquent d'être aussi les victimes de prédateurs.

Combattre ou s'enfuir?

La meilleure façon, pour un cheval, de se tirer d'une situation périlleuse, c'est de courir. D'ailleurs, la plupart des chevaux fuient l'ennemi. Mais il arrive qu'un cheval doive affronter le danger et combattre. Il pousse alors la tête en avant, montre les dents et fait un mouvement brusque en direction de son adversaire de façon à se montrer menaçant. Si ce dernier s'approche trop, il lui donne un vigoureux coup de sabot.

Ces juments entourent leurs poulains pour les protéger de leurs ennemis. Si un prédateur s'aventure trop près, elles défendront leurs petits à coups de sabot.

Les chevaux et leurs petites manies

Dans les films, on voit souvent des chevaux se dresser sur leurs pattes de derrière. Les chevaux mâles le font parfois lorsqu'ils se bagarrent, mais ce comportement est rare.

Sais-tu comment les chevaux dorment? Sais-tu pourquoi ils se roulent sur le sol? Lis ce qui suit et tu apprendras pourquoi les chevaux ont quelques petites manies.

Pourquoi se roulent-ils sur le sol?

Les chevaux se roulent ainsi pour de nombreuses raisons. S'ils souffrent de démangeaisons dans le dos, c'est une manière, pour eux, de se gratter. Ils le font aussi pour se débarrasser des poils qu'ils perdent ou lorsqu'ils ont des maux d'estomac. Souvent, les chevaux d'un troupeau se roulent au même endroit, mélangeant ainsi leurs odeurs pour créer une odeur commune particulière. En se roulant à cet endroit, les chevaux démontrent leur appartenance au troupeau.

Comment les chevaux dorment-ils ?

Les chevaux ne passent pas beaucoup de temps à dormir : ils sont toujours à l'affût de prédateurs qui pourraient les épier. Parfois, ils dorment debout, de façon à pouvoir s'enfuir immédiatement à l'approche d'un ennemi. Toutefois, pour dormir profondément, un cheval doit se coucher sur le flanc.

*Au cours de la saison des amours, les mâles s'étirent le cou et retroussent les lèvres pour découvrir leurs dents. Cette grimace, ou **retroussement des lèvres**, indique à la jument que l'étalon veut s'accoupler.*

Parfois, les chevaux ont besoin de s'étendre et de dormir sur le flanc ou sur le ventre. S'ils ne dorment pas, ils deviennent fatigués et grincheux, tout comme les gens qui manquent de sommeil !

Glossaire

accoupler Faire s'unir sexuellement des individus semblables, pour en obtenir des descendants ayant les mêmes caractéristiques, telles que la vitesse, la taille, la couleur ou la force

allure Manière dont un cheval bouge les jambes lorsqu'il marche ou qu'il court

animal à sang chaud Animal dont la température du corps ne change pas, quelle que soit la température du milieu ambiant où il se trouve

croisement Accouplement d'individus de différentes races ou de différentes espèces

digérer Absorber la nourriture pour que le corps puisse en tirer de l'énergie

domestiquer Dompter (un animal sauvage)

équidés Famille d'animaux qui comprend les chevaux, les ânes et les zèbres

instinct Fait de savoir comment faire quelque chose sans l'avoir appris

jument en chaleur Femelle du cheval qui est prête à s'accoupler

migrer Se déplacer d'un lieu à un autre pour s'accoupler ou pour trouver à manger ou à boire

prédateur Animal qui tue et mange d'autres animaux

race Groupe d'animaux ayant des caractères héréditaires communs

retourné à l'état sauvage Se dit d'un animal qui a déjà été domestiqué, mais qui vit maintenant dans la nature

retroussement des lèvres Expression faciale des chevaux mâles pour attirer les femelles, au cours de la saison des amours

s'accoupler Faire des bébés

s'adapter Devenir différent pour pouvoir vivre dans un nouveau milieu

stérile Se dit d'un animal qui ne peut pas avoir de bébés

vertébré Se dit d'un animal ayant une colonne vertébrale

Index